Les adieux de Louis XVI
à Sa famille

LES ADIEUX DE LOUIS XVI

A SA FAMILLE,

LORSQU'IL PART DU TEMPLE,

PETITE PIÈCE DE FAMILLE,

TRAGI-HÉROÏQUE,

EN UN ACTE ET EN VERS,

Par Mathurin CHEVALIER, *Tonnelier,*
à *Marennes.*

« Je pardonne de tout mon cœur à ceux qui se sont faits mes ennemis. . . . .
« Je recommande à mon fils, s'il avait le malheur de devenir Roi, de songer qu'il se doit tout entier au bonheur de ses concitoyens, qu'il doit oublier toute haine et tout ressentiment. . . . . »

(*Testament de* Louis XVI.)

Prix 50 centimes.

A Rochefort,

DE L'IMPRIMERIE DE FAYE FILS.

Septembre 1827.

DÉDICACE

A Mademoiselle U***, qui, par une romance nouvelle qu'elle me donna, occasiona mes poésies.

Muse, mon inspiratrice,
Accepte ce faible don;
Quand tu me fus si propice,
Je te dois mon Apollon.
Ce n'est point une merveille,
Mais c'est le tableau fidèle
Du parfait homme de bien;
Toi que les vertus chérissent,
Que les grâces embellissent,
Tu ne peux refuser ce que donna ta main.

AVIS AU LECTEUR.

LES immenses et brillantes qualités du Roi Louis XVI dont les véritables Français n'ont jamais douté ainsi que les autres peuples du monde qui ont bien connu ce Monarque, m'ont suggéré l'idée d'en faire paraître quelques-unes dans cette petite Pièce de famille, intitulée LES ADIEUX DE LOUIS XVI A SA FAMILLE, LORSQU'IL PART DU TEMPLE; je dis petite pièce de famille, parce qu'on peut la représenter en famille, comme pour offrir le tableau affligeant de la séparation d'un père ou d'une mère avec ses enfans, lorsque l'heure de la mort est sonnée pour eux.

J'ai choisi cette circonstance où la France en délire oubliant les sermens qu'elle avait prêtés à son Souverain, ainsi que cette heureuse liberté qu'elle tenait de lui, imitant l'Angleterre du dix-septième siècle, tacha ses fastes. On connaissait les vertus incomparables de Louis XVI avant cette époque funeste; mais on les connut bien davantage quand on vit ce Roi pacifique et généreux, se dépouillant en quelque sorte de son pouvoir, accepter, en sage législateur, tout ce que les membres du gouvernement lui proposaient et qu'il croyait nécessaire pour le rétablissement de la patrie malade. Nous dirons en passant que ce Prince y eût apporté une entière guérison, si ces mêmes propositions, sages dans le fond, eussent eu une directe exécution; mais des hommes ennemis du bien, amis des révolutions, altérés de fortune, les traversèrent, et le mal, au lieu de guérir, fit de rapides progrès, et le second Louis XII en fût la victime; mais ces hommes fûrent punis de leur fraude, et le peuple et l'échaffaud firent tomber à la fin leurs têtes coupables.

On y verra l'incomparable bonté du Roi, sa douceur, son amour pour le bien, son patriotisme, sa résignation, sa tendresse pour ses enfans et son épouse, son amitié pour sa sœur Madame Élisabeth, non moins infortunée qu'eux; et enfin sa clémence envers ceux qui fûrent les auteurs de toutes ses souffrances. Chez l'homme de bien, cette peinture, bien qu'imparfaite, ne laissera pas que d'émouvoir le cœur, et l'on plaindra, avec raison, le malheureux dans la personne du Roi et de sa royale et martyre famille ; Roi, né pour faire des heureux si l'on avait voulu l'être.

Je crois que mon objet n'a point d'autre but que de donner de bons exemples, évitant tout ce qui pourrait être contraire à l'ordre et aux mœurs; et que la société ne se formalisera point de cette démarche, peut-être trop hardie de ma part, mais qui, à mon sentiment, n'a rien d'inconsidéré.

En voyant cet essai d'un nouveau courtisan des Muses, quoique sujet de Bacchus, quelques personnes, après l'avoir mûrement examiné, si elles le trouvent passable, se diront : « Voilà un « auteur peu commun, il réunit Bacchus et « Apollon, c'est un autre Adam de Nevers ; et « qui a soufflé la poésie à ce journalier ? » Quelques lectures, messieurs, et mon goût pour cette science.

Si dans cet essai j'avais fait des fautes, le connaisseur peut me reprendre, je lui en saurais bon gré, je ne sais point me mettre à genoux devant le lecteur, pour le supplier de s'accoutumer à un style que le bon goût désapprouverait, j'aime trop les règles établies pour cela.

« Un auteur censuré, repris, mais à propos,
« Peut, devenant meilleur, corriger ses défauts. »

N'ayant point fait d'études, ni même reçu d'éducation, si j'en excepte quelques leçons de lecture, d'écriture et d'atithmétique données au hasard par des maîtres qui en ignoraient les principes peut-être, et en qui il paraissait y avoir plus de paresse que d'exactitude, je dis :

« Phénomène parfait, un esprit sans culture,
« Peut, Rousseau revivant, décrire la nature;
« Ou d'Horace et Voltaire imiter les écrits,
« Homère, esprit pareil, fut un des beaux esprits. »

Pères et mères, qui lisez ce produit de mon imagination, il serait à désirer que vos enfans, engagés, forcés même, représentassent quelquefois en votre présence, certaines pièces de théâtre que le sujet et leur âge leur permettraient de représenter; ce genre ouvre l'esprit de la jeunesse, lui donne de l'éloquence, de l'énergie, de la force dans le caractère, de la grâce quant aux manières, de la facilité à s'exprimer, de la hardiesse, de l'amour pour ses Rois, parce que ces augustes personnages y figurent souvent et toujours avec ces sentimens qui les font prendre en vénération ; de la crainte pour les lois, parce qu'elles y paraissent exécutées dans toute leur rigueur; de la croyance dans la religion, parce que ses saintes vérités y sont toujours déployées, surtout dans les pièce saintes ; du respect, de la tendresse pour vous-mêmes, parce que la nature surtout y remplit le premier rôle ; une chose bien essentielle encore, de la mémoire, et enfin de la civilité et de la politesse, articles aujourd'hui d'une nécessité absolue et fort en usage, et sans lesquels l'homme, rempli de qualités, ne paraît en avoir aucune.

« Les dehors séduisans font conquête des cœurs ;
« Souvent on leur a dû des rangs et des honneurs. »

PERSONNAGES.

LE ROI.

LA REINE.

LE DAUPHIN, âgé de 9 ans.

LA JEUNE MADAME, âgée de 15 ans.

MADAME ÉLISABETH, Sœur du Roi.

} Dans le plus grand négligé, et les cheveux en désordre.

DEUX COMMISSAIRES DU GOUVERNEMENT, décorés d'écharpes aux trois couleurs.

Le Théâtre représente un appartement grillé.

LES ADIEUX
DE LOUIS XVI
A SA FAMILLE,
LORSQU'IL PART DU TEMPLE.

SCÈNE PREMIÈRE.

LE ROI, SA FAMILLE et DEUX COMMISSAIRES.

LE ROI, *il tient un mouchoir à la main et tend les bras.*
Venez, mes chers enfans ! venez, ma bien-aimée !
Ma sœur, ma pauvre sœur ! non moins infortunée !
Venez tous sur mon cœur pour la dernière fois !...

LE DAUPHIN, *à sa Mère.*
Maman, pourquoi soudain ce serrement de bras ?

LA REINE.
(Au Roi.)
Pauvre enfant ! cher époux, ah ! je vous en conjure,
(A M.me Elisabeth.) (A la jeune Madame.)
Restez. Ma sœur ! ma fille !
(A l'un des Commissaires qui veulent entraîner le Roi.)
Ah ! reculez, parjure !
Vous oseriez toucher votre Roi, votre ami,
Songez que devant Dieu vous dépendez de lui.

MADAME ELISABETH, *aux Commissaires, et d'un air égaré.*
Où le conduisez-vous ?

L'UN DES COMMISSAIRES, *la main sur sa poitrine.*
Je ne puis vous le dire.

L'autre Commissaire, *parlant au Roi.*

Aux ordres qu'on nous donne, obéissez donc, Sire.

La Jeune Madame, *entourant le Roi de ses bras, et parlant aux Commissaires.*

De grâce, ah! modérez ce zèle trop cruel;
Le plus sage des Rois est-il donc criminel!
Qui vous a pu dicter un ordre si barbare?

Le Roi, *sortant de son accablement.*

Mes enfans, un destin pour toujours nous sépare;
Pardonnez aux Français, ce sont mes derniers vœux.

Madame Elisabeth.

Quand vous allez mourir, vous faites des heureux.

Le Roi. (*prière qu'il fait avant de quitter sa famille.*)

« O mon Dieu, qui donnez les sceptres, les cou-
[ronnes,
« Qui fondez les États et renversez les trônes,
« Je ne viens point ici vous reprocher ma mort,
« Vous fûtes toujours maître absolu de mon sort.
« Au contraire adorant toujours votre justice,
« Je bénis le complot qui me dresse un supplice.
« Puis qu'enfin il vous plait de terminer mes jours,
« Frappez, je suis content d'en voir finir le cours.
« Cependant, mieux que moi, qui servit votre
[Église,
« Rome que vous aimez, est-elle plus soumise?
« Ne vit-on pas, naguère, en vos augustes lieux,
« Couler, pour les sauver, le sang de mes aïeux.
« Ai-je, pour vous, mon Dieu, moins d'amour
[que mes pères;
« Le trône que je monte est mon lieu de prières.
« Je veux, qu'à mon exemple, ici, tous mes sujets,
« Sur nos frères souffrans répandent des bienfaits.
« Ai-je comme un Néron, ce despote de Rome,

« Fait, par affreux plaisir, couler le sang d'un
[homme.
« Le sang de l'innocent fut toujours respecté ;
« Le crime, mille fois éprouva ma pitié.
« Certes, je ne fus point un maître tyrannique,
« Je fus digne, en tout temps, de l'estime publique.
« Mon peuple, vous savez, si parjure à ses lois,
« Jamais je renversais, je détruisis ses droits.
« Par un excès d'amour, je le rendis plus libre ;
« Les nations du Nil, de l'Euphrate et du Tibre
« En sont les grands témoins, et même outre les mers
« L'Américain a vu, par moi, briser ses fers (1)
« Non, je crois que mon âme est pleine d'innocence,
« Que si je suis puni c'est par trop de clémence.
« Quelqu'en soit le motif, je ne me plains de rien,
« J'attends l'heure à sonner, d'un front pur et serein.
« Je sais que mon trépas fera verser des larmes,
« Que vingt Rois, avant peu, tremblans de nos
[allarmes,
« Prétextant, sur mon trône, établir l'héritier,
« L'arme en main, marcheront exprès pour me
[venger.
« Mon Dieu, je vous en prie, empêchez ces batailles,
« La vengeance souvent trouve des funérailles.
« Il me suffit, qu'un jour, ceux qui me font mourir,
« Aient dans le fond du cœur un cuisant repentir.
« Ainsi que votre fils, le Sauveur de la terre,
« Je dis, comme ce Dieu disait sur le Calvaire :

---

(1) On sait que Louis XVI ne contribua pas peu à la liberté de la Nouvelle-Angleterre, aujourd'hui États-Unis.

« *Pardon, pardon, mon père, aux auteurs de*
  [*ma mort.*
« Qui cause mon naufrage entre dans vôtre port ;
« J'aurais lieu d'invoquer, je sais, cette vengeance,
« Quand la rébellion prononce ma sentence ;
« Mais mon cœur n'aime pas assez les châtimens,
« Dailleurs chaque coupable est l'un de mes enfans ;
« Ce cœur fait pour le bien, plaindrait une victime
« Qui verserait son sang pour effacer ce crime ;
« Je croirais, devant vous, en être le bourreau,
« Non ! qu'on me laisse en paix reposer au tombeau.
« Les Français, en ce jour, qui me sont infidèles,
« Regretteront plus tard mes bontés paternelles ;
« Ils diront : ô reviens règne du bon Louis,
« L'échafaud, les combats nous ont ravi nos fils ;
« Sous toi, la paix, la joie étaient dans nos familles,
« Reviens, nous n'aurons plus de discordes civiles.
« Forcés, par les malheurs, d'invoquer mon esprit,
« Ils viendront m'implorer après m'avoir détruit ;
« M'implorer... ah ! que dis-je ! et même plus encore,
« L'on verra cette France aveugle que j'adore,
« Maintenant qui me hait, dont je fus le sauveur,
« Dont mon règne tranquille aurait fait le bonheur,
« Pleurant, ou le feignant, la famille innocente,
« Qui tomba sous les coups de la hache sanglante,
« Expiant le forfait de ses arrêts cruels,
« A son Roi sa victime, élever des autels.
« Quant aux droits de mon fils, Dieu, laissez à la
  [France
« Le soin que je prévois dont l'étranger balance ;
« Je connais les Français, rarement sans leur choix
« On parvient à monter au trône de leurs Rois.

« Leur fougue en ce moment, hélas! trop emportée,
« Ne peut être, je crois, d'une longue durée;
« La raison, ce mentor qu'ils ne connaissent plus,
« Demain pourra dans eux, ramener les vertus;
« Alors, n'en doutons pas, lassés de tyrannie,
« Ne pouvant être heureux qu'avec la monarchie,
« Aux princes de mon sang ils rendront les honneurs.
« Et l'union encore offrira ses douceurs.
« Il ne me reste plus qu'une courte prière:
« Seigneur, voilà mes fils. Ah! servez leur de père. »
(*A sa famille.*)
Adieu!....

LES ENFANS.

Papa!....

MADAME ELISABETH.

Mon frère!....

LA REINE.

Arrêtez!... mon époux,
Je meurs si vous partez un moment d'avec nous.
(*Aux Commissaires qui emmènent le Roi.*)
De quel droit.... sans respect....
(*Voulant se jetter à genoux, mais retenue par sa famille.*)
Quoi, sourds à ma prière!
(*Au Dauphin et à la jeune Madame, d'une voix animée.*)
Mes enfans, secourez, délivrez votre père.

SCÈNE II.

LA REINE et sa FAMILLE.

LA REINE, *levant les yeux et les bras vers le ciel.*

Ciel!
(*à Madame Elisabeth.*) (*Invoquant le ciel.*)
Ma sœur soutiens-moi! Dieu donnez moi la mort!
Je veux de mon époux suivre le triste sort.
(*Elle tombe dans un fauteuil, la tête penchée.*)
Peut-être en ce moment.... (*elle frémit*) que le
[couteau funeste....

MADAME ELISABETH, *un mouchoir à la main et pleurant amèrement.*

Ah! ma sœur, de Louis épargnez ce qui reste ;
Renfermez, comme moi, vos plaintes, vos douleurs,
Il suffit seulement de répandre des pleurs.

LE DAUPHIN.

Maman, où conduit-on papa?

LA REINE.

Mon fils....

LA JEUNE MADAME.

Mon frère,
Demandez aux bourreaux et non pas à ma mère.

LE DAUPHIN.

Aux bourreaux? ah! ma sœur, ce mot me fait frémir!
Dites! sont-ils méchans?

LA JEUNE MADAME.

Mon frère, ils font mourir....

LE DAUPHIN.

Mourir! ça, qu'on me donne à l'instant mon épée,
Que j'aille dans leur sang....

LA JEUNE MADAME.

Ah! votre destinée
Vous défend, cher Louis, de la tirer contr'eux.

MADAME ELISABETH.

Calmez, Prince, calmez ce sentiment fougeux ;
Priez le ciel, plutôt, qu'il pardonne leurs crimes,
Et que de leurs fureurs il sauve les victimes.

LA REINE, *la tête appuyée dans l'une de ses mains.*

Français, que vous a fait le vertueux Louis,
Pour vous, vous ses sujets, être ses ennemis ;
Il soulageait vos maux, il partageait vos larmes ;
Triomphateur en paix il illustrait vos armes ;
Il adoucit des lois la trop grande rigueur ;

Il n'est pas un de vous qui ne fut dans son cœur.

(*Elle se redresse dans son fauteuil.*)

Ah! les nobles vertus sont-elles donc des crimes!
Les rois sont-ils donc nés pour être vos victimes!
Fils aînés du Très-Haut, ne sont-ils plus connus!
Que servent ces décrets que vous avez rendus,
Quand, touchant du seigneur, en eux l'ouaille sainte,
Vous venez effacer cette sacrée empreinte
Qu'a laissé le bandeau ceint même par ce Dieu.
Civilisation, bannis-toi de ce lieu,
Puisque la barbarie éclipse la puissance,
Tu ne peux, sans rougir, demeurer dans la France.

(*Levant les yeux vers le ciel.*)

Dieu! Dieu qui m'entendez du séjour éternel,
Ne donnez plus de Rois à ce peuple cruel;
Laissez-le s'accablant, croyant se rendre maître,
Chaque jour se donner pour gouvernant un traître;
Quand il verra partout père et mère expirans,
Alors il connaîtra ce que c'est que tyrans.

(*Au peuple, comme s'il était présent, et d'un ton animé.*)

Ce Roi que votre audace assit à votre barre,
Ce Roi fait pour regner dans un lieu moins barbare,
Qu'un destin malheureux conduit vers un bourreau,
Qui peut-être à présent tombe sous le couteau,
Malheureux! sauvez-le, s'il en temps encore,
Ou craignez que bientôt, du couchant à l'aurore
Marche, pour le venger, une foule de Rois :
L'Anglais tant révolté fut mis au joug vingt fois.
Vous pourrez, je le veux, bien long-temps vous
[défendre,
Je sais que les Français sont tous des Alexandre,

Mais toujours le coupable attend le châtiment;
Louis IV, autrefois, s'en revint triomphant.

(*Après une petite pause et d'un ton suppliant.*)

Ah! si vous n'anullez votre injuste sentence,
Si déjà mon époux a perdu l'existence,

(*Montrant le Dauphin.*)

Du moins, pour cet enfant, ayez quelque pitié;
Le Français n'a-t-il plus aucune humanité!
Sur son front innocent mettez le diadême,
Dieu vous pardonnera, je le prirai moi-même;
Et vers ce Dieu si bon, que vous offensez tous,
Revenez, votre Reine a fléchi son courroux.

MADAME ELISABETH.

Reine, que le Seigneur exauce vos prières!

LE DAUPHIN.

Dieu! rendez-moi papa, j'oublierai mes misères.

FIN.

www.ingramcontent.com/pod-product-compliance
Lightning Source LLC
Chambersburg PA
CBHW071429060426
42450CB00009BA/2088